Allererstes Basteln

Schon Kinder unter drei Jahren haben viel Freude daran, kreativ tätig zu sein: Sie schneiden, kleben und malen gerne und probieren Neues aus. Bunte Farben und fröhliche, vertraute Motive regen sie dazu an, sich mit ihrer Umwelt auseinanderzusetzen. In diesem Buch stellen wir Ihnen verschiedene Ideen vor, mit denen Sie das vorhandene Potenzial der Kleinen fördern und ihnen Freude am Basteln vermitteln können.

Vor allem aus Alltagsmaterialien wie Papier, Pappschachteln, Kaffeefiltertüten, Wattestäbchen, Kronkorken, Flaschendeckeln und Strohhalmen können die Kinder ganz leicht kleine Kunstwerke basteln. Diese Materialien sind meist in jedem Haushalt vorhanden und lassen sich prima für die verschiedenen Motive einsetzen: Flaschendeckel können als Augen, Nasen oder Knöpfe verwendet werden. Kaffeefiltertüten eignen sich gut als Kleider, Röcke und Köpfe; und mit Trinkhalmen und Wattestäbchen lassen sich dünne Beine herstellen.

Bei der Auswahl der Angebote, die schon kleine Kinder mit etwas Hilfe umsetzen können, waren uns folgende Punkte wichtig:
· wenig aufwendige und zeitintensive Vorbereitungen,
· kurze Anleitungen,
· schnelle Erfolgserlebnisse für die Kinder,
· einfache Durchführung,
· farbenfrohe, individuelle Ergebnisse,
· geringe Materialkosten.

Alle Vorschläge sind auf die Bedürfnisse von Kindern ab 2 Jahren abgestimmt und mehrfach in der Praxis erprobt. Die Kleinen werden gefordert, aber nicht überfordert, und haben Freude beim Ausprobieren. Doch auch ältere Kinder werden sicher begeistert mitmachen.

Viel Spaß beim Basteln wünschen
Eva Danner und Beate Vogel

Material & Technik

Papier
Tonpapier (130 g/qm) können die Kleinen schon gut schneiden, da das Papier eine geringe Stärke aufweist. Tonpapier gibt es in vielen Farben im Hobbyfachhandel. Bei manchen Bastelarbeiten ist eine gute Stabilität wichtig, weshalb hier Tonkarton (220 g/qm) verwendet wird.

Kaffeefiltertüten
Für mache Bastelarbeiten werden Kaffeefiltertüten (Größe 2) verwendet. Weiße Filtertüten lassen sich besonders gut bemalen.

Pappschachteln
Kleine Pappschachteln (Kartons) dienen bei einigen Modellen als Grundform für Fahrzeuge oder Tiere. Entweder fertige, unbedruckte Pappschachteln verwenden oder Alltagsverpackungen wie Müsli- oder Teeschachteln umarbeiten: Einfach die jeweilige Verpackung an der geklebten Faltstelle vorsichtig auseinandertrennen (am besten mit einem Messer), die Innenseite nach außen falten und die Schachtel wieder zusammenkleben. Dieser Arbeitsschritt sollte von einem Erwachsenen übernommen werden.

Kronkorken
Kronkorken werden in diesem Buch als Füße, Räder oder Elemente einer Baggerkette eingesetzt. Hierfür farblich passende Kornkorken aussuchen und von Hand oder mit einer Flachzange mittig zusammendrücken. Dieser Arbeitsschritt sollte von einem Erwachsenen übernommen werden.

Kräuselband
Aus Kräuselband (Geschenkband) entstehen bei manchen Bastelmodellen die Haare. Hierfür beliebig viele Bandstücke abschneiden und über eine Scherenkante ziehen, sodass sie sich kräuseln.

Fingerfarben
Fingerfarben gibt es in vielen verschiedenen Farben im Hobbyfachhandel. Sie eignen sich gut zum Bemalen von Pappröhren oder Kaffeefiltertüten. Sind keine Fingerfarben zur Hand, können auch Wasserfarben verwendet werden.

Papiertaschentücher
Die einzelnen Lagen der Taschentücher vor Arbeitsbeginn trennen und danach jede Lage separat wieder zusammenfalten. In der Regel hat ein Taschentuch vier Lagen. Mit Fasermalern tupfen die Kleinen beliebig viele Punkte auf die vorbereiteten Taschentücher und befeuchten diese anschließend mit Wasser, bis die Farben ineinanderlaufen. Nach dem Trocknen jede Lage wieder auseinanderfalten.

Wattestäbchen färben

Wattestäbchen können auf zwei verschiedene Arten gefärbt werden:
a) Für einen pastelligen Farbton mit einem Pinsel etwas Wasserfarbe aufnehmen und diese in einen mit Wasser gefüllten Becher geben. Danach das Wattestäbchen in das gefärbte Wasser tauchen und anschließend trocknen lassen.
b) Um einen kräftigen Farbton zu erhalten, das Wattestäbchen direkt in der Wasserfarbe mit dem Pinsel anmalen und anschließend trocknen lassen.

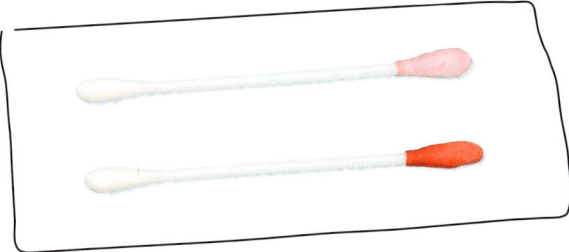

Augen anfertigen

Für kleinere Kinder ist es fast nicht möglich, kleine, runde Augen aus Papier zuzuschneiden, da sie die Schere oft noch mit zwei Händen halten. Eine gute Alternative: Die Kinder schneiden kurze Stücke von weißen Papierstreifen ab (= Augen) und kleben als Pupille jeweils einen Locherpunkt auf.

Körperformen zuschneiden

Viele Körperformen entstehen aus Papierrechtecken oder -quadraten, bei denen lediglich die Ecken abgeschnitten werden. Es macht nichts, wenn der Körper dadurch eine etwas kantige Form erhält. Viel wichtiger ist es, dass die Kleinen den Körper auf diese Weise beinahe selbstständig herstellen können. Man muss oft nur das Papier für sie festhalten und/oder drehen.

Kreise zuschneiden

Mithilfe von Tassen, Tellern, Klebestiftkappen oder Gläsern unterschiedlich große Kreisformen anfertigen: Einfach den ausgewählten Gegenstand auf das Papier legen, mit einem Bleistift an der Form entlangfahren und die Kreisform ausschneiden. Die Kreise müssen nicht perfekt rund geschnitten sein.

Kleben

Beim Kleben benötigen die Kleinen oftmals noch Hilfe. Zum Kleben eignen sich Klebestifte, Flüssigkleber und Klebestreifen. Beim Anbringen von einigen Alltagsmaterialien wird Heißkleber verwendet. Dieser gehört nicht in Kinderhände; er sollte nur von Erwachsenen verwendet werden.

Bienchen

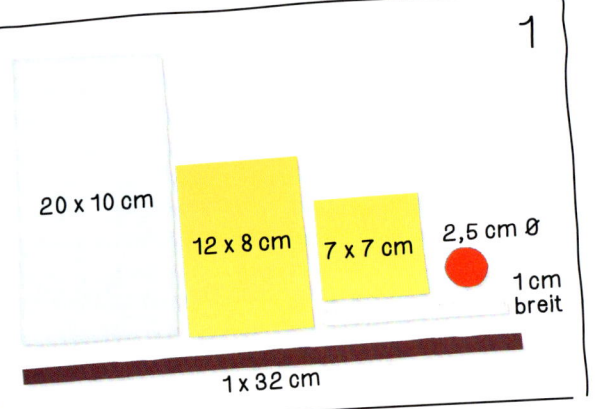

So geht's

1 Die Papiere wie abgebildet zuschneiden. Die Wattestäbchen jeweils an einer Seite schwarz färben, trocknen lassen und anschließend durchschneiden; nur die schwarz gefärbten Teile weiterverwenden.

2 Vom gelben Quadrat (Kopf) alle vier Ecken abschneiden und den roten Kreis halbieren (Mund). Vom weißen Streifen zwei kleinere Stücke abschneiden (Augen). Die Kopfeinzelteile mit Klebstoff zusammensetzen. Zwei schwarze Locherpunkte als Pupillen, einen roten Locherpunkt als Nase ergänzen. Zwei Wattestäbchen als Fühler mit Klebestreifen an der Kopfrückseite befestigen.

3 Vom großen gelben Rechteck alle vier Ecken abschneiden (Körper). Das Transparentpapier in der Mitte zusammenknüllen und als Flügel mit einem Klebestreifen an der Rückseite des Körpers fixieren. Ebenso vier Wattestäbchen als Beine anbringen.

4 Kopf und Körper zusammensetzen. Den langen braunen Streifen in vier etwa gleich lange Stücke schneiden und diese als Streifen auf dem Körper befestigen. Die Biene kann am Fenster dekoriert werden.

Du brauchst: weißes, gelbes, rotes, braunes und schwarzes Tonpapier, weißes Transparentpapier, sechs Wattestäbchen; schwarze Wasserfarbe, Pinsel, Schere, Klebstoff, Klebestreifen, Locher

Kleiner Hase

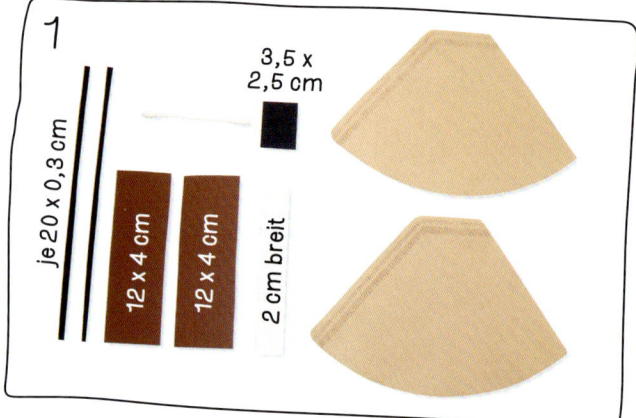

So geht's

1 Die Pappschachtel (Körper) nach der Anleitung auf Seite 6 vorbereiten, mit brauner Fingerfarbe bemalen und trocknen lassen. Die Papiere wie abgebildet zuschneiden, das Wattestäbchen und die Filtertüten bereitlegen.

2 Die beiden schwarzen Streifen in je drei Teile schneiden (Barthaare). Von den braunen Rechtecken (Ohren) an je einer schmalen Seite zwei Ecken, vom schwarzen Rechteck (Nase) alle Ecken und vom weißen Streifen zwei Stücke (Augen) abschneiden. Das Wattestäbchen halbieren (Zähne).

3 Die beiden Filtertüten wie abgebildet mit Klebstoff übereinanderkleben (Kopf), dann Augen, Nase und Barthaare darauf anbringen. Zwei schwarze Locherpunkte als Pupillen ergänzen. Die Ohren an der Kopfrückseite befestigen. Die Zähne in die Öffnung der oberen Filtertüte kleben.

4

4 Den Hasenkopf auf den bemalten Karton kleben; hierfür eventuell Heißkleber verwenden (nur ein Erwachsener).

Du brauchst: eine kleine Pappschachtel (20 x 16 x 8 cm), zwei braune Kaffeefiltertüten (Größe 2), weißes, braunes und schwarzes Tonpapier, ein Wattestäbchen; braune Fingerfarbe, Pinsel, Klebstoff, Klebestreifen, Heißkleber, Schere, Locher

Lustiges Huhn

Du brauchst: weißes, gelbes, rotes und schwarzes Tonpapier, eine braune Filtertüte (Größe 2), Federn; Schere, Klebstoff, Locher

So geht's

1 Die verschiedenfarbigen Tonpapiere wie abgebildet zuschneiden und eine Filtertüte bereitlegen.

2 Alle Ecken des weißen Quadrats rund abschneiden (Kopf) und das gelbe Rechteck diagonal durchschneiden (Schnabel). Für den Kamm an der langen Seite des roten Rechtecks Zacken herausschneiden. Vom weißen Streifen zwei Stücke abschneiden (Augen) und mit jeweils einem schwarzen Locherpunkt bekleben.

3 Die Kopfeinzelteile mit Klebstoff zusammensetzen.

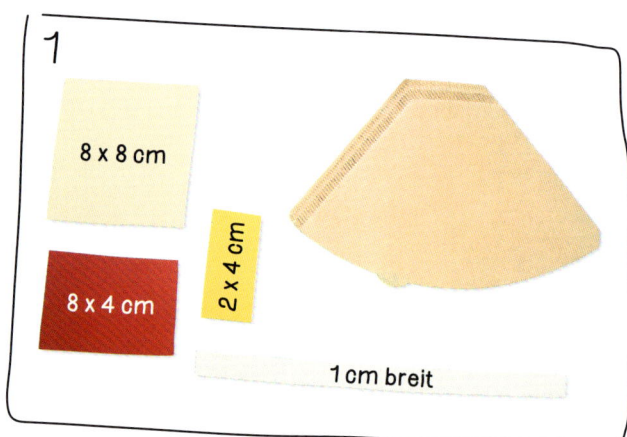

4 Die beiden gestanzten Kanten der Filtertüte umknicken und mit Klebstoff fixieren. Die Filtertüte aufstellen (Körper) und den Kopf daran befestigen. An beiden Seiten des Huhns Federn als Flügel mit Klebstoff fixieren.

Seeigel

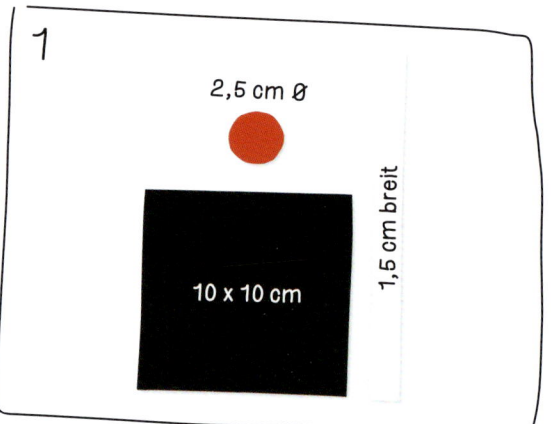

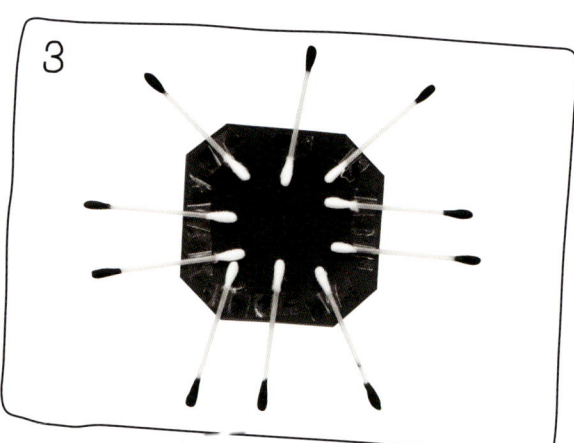

Du brauchst: weißes, rotes und schwarzes Tonpapier, einen blauen Papierbogen, grünes Glanzpapier, zehn Wattestäbchen (pro Seeigel); schwarze Wasserfarbe, Pinsel, Schere, Klebstoff, Klebestreifen, Locher

So geht's

1 Die verschiedenen Tonpapiere wie abgebildet zuschneiden. Je ein Ende der Wattestäbchen mit dem Pinsel schwarz einfärben und trocknen lassen

2 Vom schwarzen Quadrat (Körper) alle vier Ecken, vom weißen Streifen zwei kleine Stücke (Augen) abschneiden. Den roten Kreis halbieren (Mund). Die Einzelteile des Gesichts mit Klebstoff auf den Körper setzen. Zwei schwarze Locherpunkte als Pupillen, einen roten Locherpunkt als Nase ergänzen.

3 Die Wattestäbchen der Abbildung entsprechend auf der Rückseite des Seeigels mit Klebestreifen fixieren.

4 Vom grünen Glanzpapier einige Streifen abreißen und als Wasserpflanzen mit Klebstoff auf einem blauen Papierbogen anbringen. Mehrere Seeigel anfertigen und aufkleben, eventuell Heißkleber verwenden (nur ein Erwachsener!).

Tausendfüßler

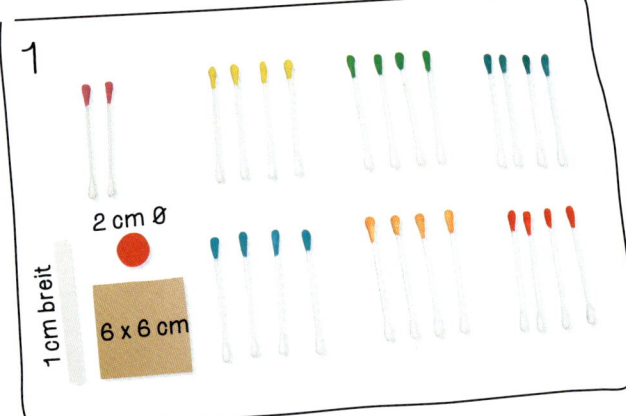

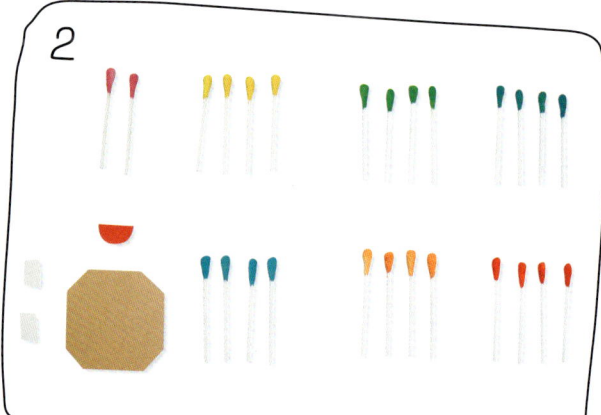

Du brauchst: eine Papprolle (Küchenrolle), weißen, roten, hellbraunen und schwarzen Tonkarton, 26 Wattestäbchen; braune Fingerfarbe, Wasserfarben, Pinsel, Klebstoff, Heißkleber, Schere, Locher

So geht's

1 Die Papprolle (Körper) mit brauner Fingerfarbe bemalen und trocknen lassen. Für die Beine 24 Wattestäbchen nur auf einer Seite bemalen – jeweils vier in einer Farbe. Für die Fühler zwei Wattestäbchen einfärben. Die Papiere wie abgebildet zuschneiden.

2 Alle vier Ecken des Quadrats (Kopf) abschneiden. Den Kreis halbieren und eine Hälfte als Mund verwenden. Für die Augen vom weißen Streifen zwei Stücke abschneiden. Die weißen Enden der Wattestäbchen abschneiden.

3 Die Kopfeinzelteile mit Klebstoff zusammensetzen. Zwei schwarze Locherpunkte als Augen, einen roten Locherpunkt als Nase ergänzen. Die beiden Fühler mit etwas Heißkleber an der Kopfrückseite befestigen.

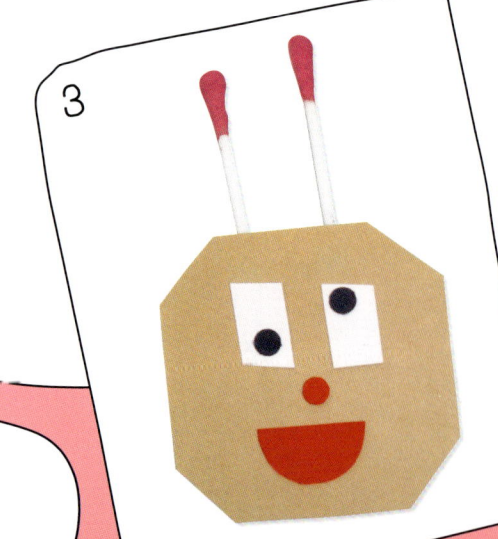

4 Die Beine und den Kopf des Tausendfüßlers mit Heißkleber der Abbildung entsprechend an der bemalten Papprolle fixieren.

Papageienpaar

Du brauchst (für zwei Papageien):
grünen, blauen, gelben und orangefarbenen Tonkarton, schwarzes Tonpapier, zwei weiße Flaschendeckel, vier pinkfarbene Trinkhalme, vier orangefarbene Federn; Klebstoff, Heißkleber, Klebestreifen, Schere, Locher

So geht's

1 Die Papiere wie abgebildet zuschneiden. Vier orangefarbene Federn, vier pinkfarbene Trinkhalme sowie zwei weiße Flaschendeckel bereitlegen.

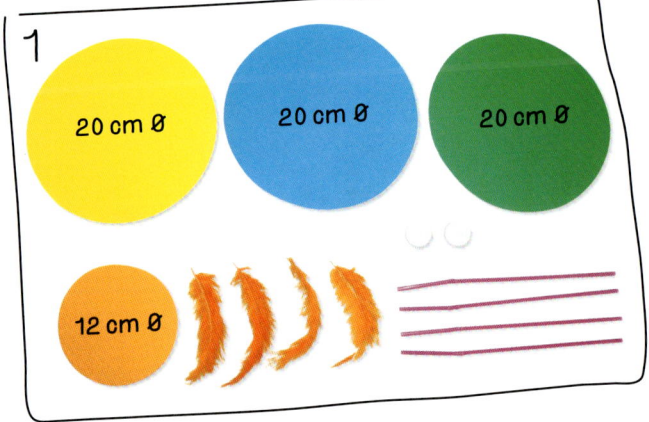

2 Alle Kreise halbieren. Eine Hälfte des gelben Kreises mittig durchschneiden (Schnäbel). Für die Beine die Trinkhalme etwa 2 cm unterhalb der Knickstelle abschneiden.

3 Jeweils zwei Federn mit Heißkleber auf einem orangefarbenen Halbkreis anbringen (Flügel).

4 Die Halbkreise der Abbildung entsprechend übereinanderkleben. Die Schnäbel und Flügel fixieren. Die Flaschendeckel mit etwas Heißkleber als Augen befestigen. Jeweils einen schwarzen Locherpunkt als Pupille ergänzen. Die Trinkhalme mit Klebestreifen an den Rückseiten der Papageien anbringen.

Feuerkrabbe

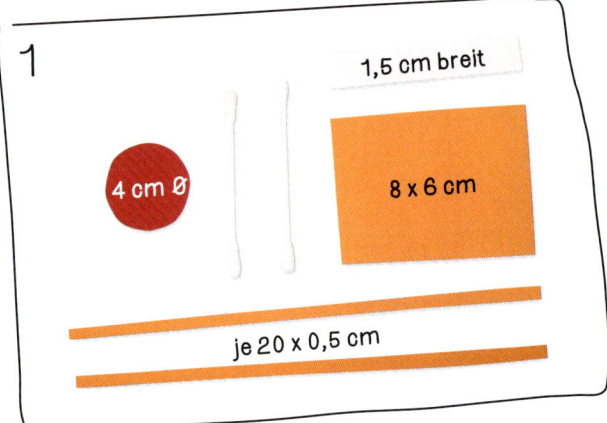

So geht's

1 Die Pappschachtel (Körper) nach der Anleitung auf Seite 6 vorbereiten, mit orangefarbener Fingerfarbe bemalen und trocknen lassen. Die Papiere wie abgebildet zuschneiden und die Wattestäbchen bereitlegen.

2 Die orangefarbenen Streifen in je drei Teile schneiden (Beine), vom Rechteck alle Ecken abschneiden (Kopf). Den Kreis halbieren und eine Hälfte als Mund verwenden. Für die Augen vom weißen Streifen zwei Stücke abschneiden.

3 Die weißen Augen mit Heißkleber auf die Wattestäbchen kleben, zwei schwarze Locherpunkte als Pupillen ergänzen. Den Mund und einen roten Locherpunkt als Nase auf dem Kopf fixieren. Die Wattestäbchen mit Heißkleber an der Kopfrückseite befestigen.

4 Den Kopf und die Beine mit Klebstoff an der orangefarbenen Schachtel anbringen.

Du brauchst: eine kleine Pappschachtel (10 x 8 x 6 cm), orangefarbenen Tonkarton, weißes, rotes und schwarzes Tonpapier, zwei Wattestäbchen; orangefarbene Fingerfarbe, Pinsel, Klebstoff, Heißkleber, Schere, Locher

4

Chamäleon

Du brauchst: zwei weiße Kaffeefiltertüten (Größe 102), grünen Tonkarton, blaues und gelbes Tonpapier, zwei blaue Flaschendeckel, vier blaue Trinkhalme; grüne Fingerfarbe, Pinsel, Klebstoff, Heißkleber, Schere, Locher

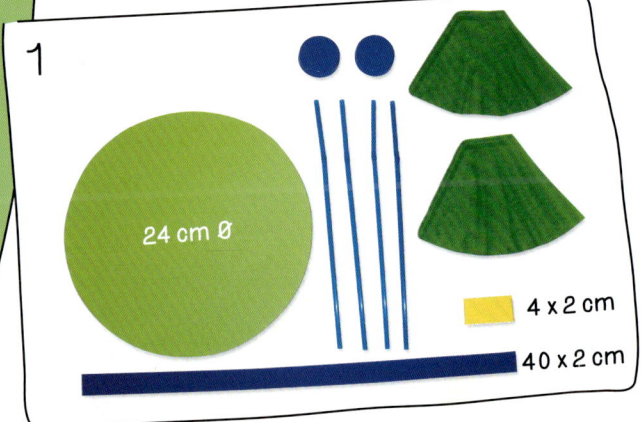

So geht's

1 Die beiden Filtertüten mit grüner Fingerfarbe bemalen und trocknen lassen. Die Papiere wie abgebildet zuschneiden. Flaschendeckel und Trinkhalme bereitlegen.

2 Vom grünen Kreis (Körper) etwa ein Drittel abschneiden. An einer schmalen Seite des gelben Rechtecks (Zunge) zwei Ecken abschneiden. Für den Schwanz vom blauen Streifen ein langes Stück abschneiden. Die Trinkhalme halbieren und die Hälften mit der Knickstelle als Beine verwenden.

3 Die Kopfeinzelteile mit Klebstoff zusammensetzen; mit etwas Heißkleber die beiden Flaschendeckel (Augen) aufkleben und jeweils zwei gelbe Locherpunkte als Pupillen und Nasenlöcher ergänzen. Eine Seite des blauen Streifens (Schwanz) über eine Scherenkante ziehen. Kopf und Schwanz am Körper befestigen. Mit etwas Heißkleber die Beine an der Vorder- und Rückseite des Körpers anbringen.

Flamingo

Du brauchst: rosa- und pinkfarbenen Tonkarton, weißes und schwarzes Tonpapier, zwei lilafarbene Trinkhalme, eine pinkfarbene Feder; Klebstoff, Klebefilm, Schere, Locher

So geht's

1 Die Papiere wie abgebildet zuschneiden. Eine pinkfarbene Feder sowie zwei lilafarbene Trinkhalme bereitlegen.

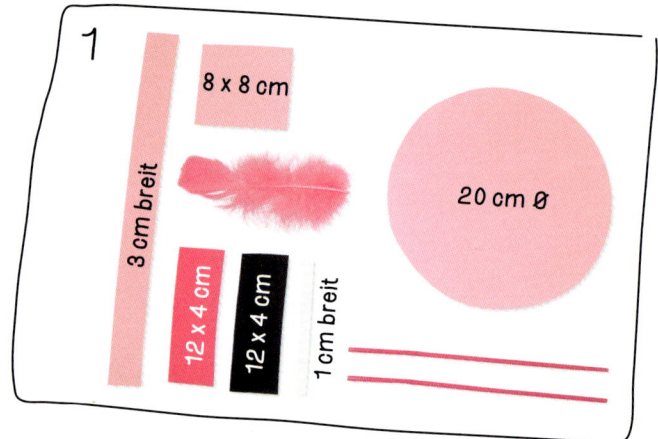

2 Für den Hals vom rosafarbenen Streifen ein langes Stück abschneiden. Alle vier Ecken des Quadrats (Kopf) abschneiden – vom Kreis (Körper) etwa ein Drittel. Das pinkfarbene und schwarze Rechteck diagonal durchschneiden, jeweils eine Hälfte für den Schnabel verwenden. Die schwarze Schnabelhälfte noch etwas kürzen. Vom weißen Streifen ein kleines Stück als Auge abschneiden.

3 Die Einzelteile des Schnabels der Abbildung entsprechend übereinanderkleben und zusammen mit dem Auge am Kopf anbringen. Einen schwarzen Locherpunkt als Pupille ergänzen. Die Einzelteile des Flamingos mit Klebstoff zusammensetzen. Die beiden Trinkhalme (Beine) mit Klebestreifen an der Rückseite befestigen. Die Feder als Flügel am Körper fixieren.

Wüstenkamel

Du brauchst: hellbraunen Tonkarton, weißes, rotes und schwarzes Tonpapier, vier Kronkorken, braune Märchenwolle, ein Wattestäbchen; Klebstoff, Heißkleber, Schere, Locher

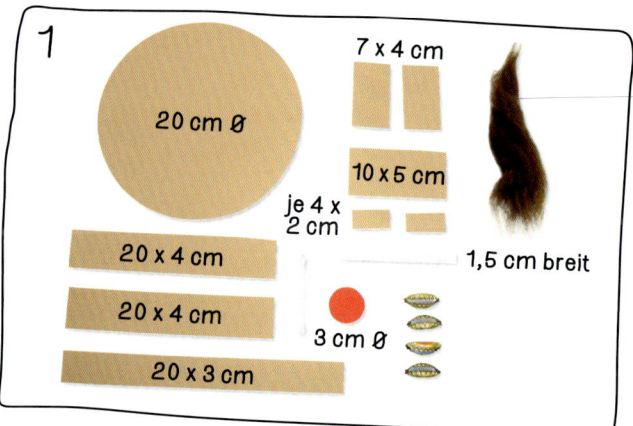

So geht's

1 Die Papiere wie abgebildet zuschneiden. Die Kronkorken mittig zusammendrücken. Die Märchenwolle und das Wattestäbchen bereitlegen.

2 Vom braunen Kreis (Körper) ein Drittel abschneiden. Die beiden länglichen Rechtecke (Beine) diagonal durchschneiden und die Spitzen entfernen. Vom braunen Streifen ein langes Stück für den Hals und vom weißen Streifen ein kurzes Stück für das Auge abschneiden. Die anderen Rechtecke (für Kopf, Höcker und Ohren) der Abbildung entsprechend zuschneiden. Den roten Kreis halbieren und eine Hälfte als Mund verwenden.

3 Die Kopfeinzelteile mit Klebstoff zusammensetzen. Einen schwarzen Locherpunkt als Pupille, einen weiteren als Nase ergänzen. Die Einzelteile des Kamels wie abgebildet mit Klebstoff zusammensetzen. Mit Heißkleber die Kronkorken als Füße und das Wattestäbchen als Schwanz befestigen. Etwas Märchenwolle an den beiden Höckern, am Kopf und am Schwanz aufkleben.

Drache

So geht's

1 Die Pappschachtel nach der Anleitung auf Seite 6 vorbereiten, mit grüner Fingerfarbe bemalen und trocknen lassen. Die Papiere wie abgebildet zuschneiden, die Kronkorken mittig zusammendrücken.

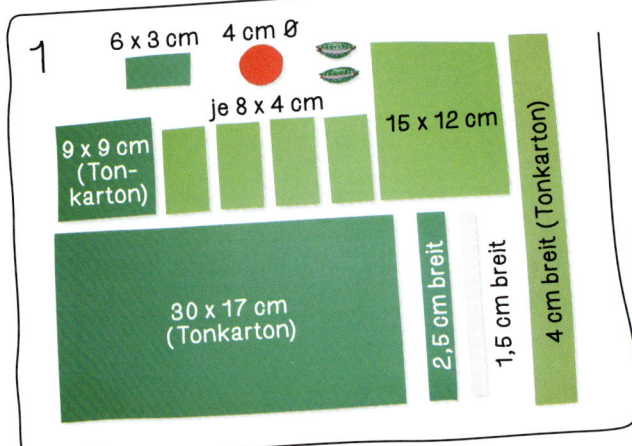

2 Die hellgrünen Rechtecke diagonal durchschneiden; die entstandenen kleinen Stücke für die Zacken, die beiden größeren Stücke als Flügel verwenden. Für den Hals vom hellgrünen Streifen ein längeres Stück abschneiden. Vom dunkelgrünen Quadrat alle Ecken abschneiden (Kopf), die beiden dunkelgrünen Rechtecke diagonal durchschneiden; die beiden kleineren Stücke als Ohren verwenden, ein großes grünes Stück als Schwanz. Vom grünen Streifen zwei Stücke für die Beine, vom weißen Streifen zwei Stücke für die Augen abschneiden. Den Kreis halbieren und eine Hälfte als Mund verwenden.

3 Fünf hellgrüne Zacken auf der Rückseite des dunkelgrünen Drachenschwanzes anbringen.

Du brauchst: eine Pappschachtel (16 x 15 x 9 cm), dunkelgrünen und hellgrünen Tonkarton, weißes, rotes, hell- und dunkelgrünes sowie schwarzes Tonpapier, zwei Kronkorken; grüne Fingerfarbe, Pinsel, Klebstoff, Heißkleber, Schere, Locher

4 Die Einzelteile zusammenfügen: Die beiden Flügel, den Schwanz, die Einzelzacken und den Hals auf der grünen Pappschachtel befestigen, dazu jeweils wie abgebildet etwa 1 cm der Papierkante umknicken. Den Kopf zusammensetzen; zwei schwarze Locherpunkte als Augen und einen hellgrünen Locherpunkt als Nase aufkleben. Den Kopf am Hals fixieren, die Beine an der Unterseite des Kartons. Mit Heißkleber die beiden Kronkorken als Füße anbringen.

Kinderwagen

Du brauchst: flieder- und hautfarbenen Tonkarton, weißes und blaues Tonpapier, einen türkisfarbenen Trinkhalm, zwei mintfarbene Flaschendeckel; Klebstoff, Heißkleber, Schere, Locher

So geht's

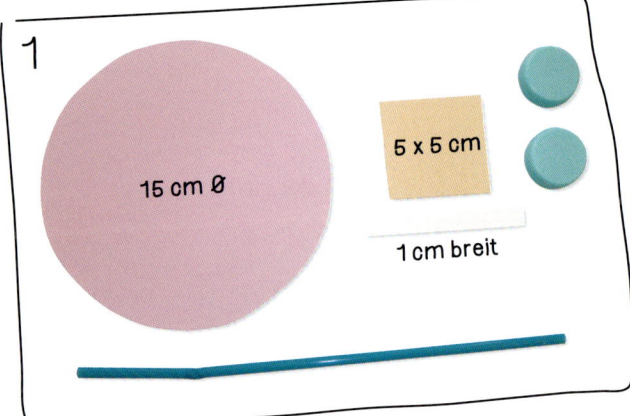

1 Die Papiere wie abgebildet zuschneiden. Zwei mintfarbene Flaschendeckel (Räder) sowie einen türkisfarbenen Trinkhalm bereitlegen.

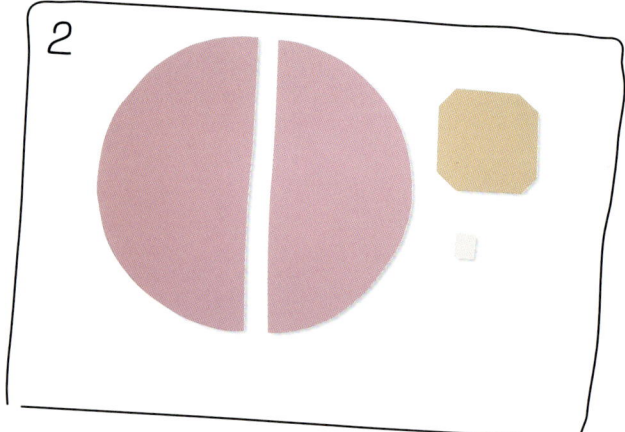

2 Den Kreis (Wagen) halbieren. Vom Quadrat (Babykopf) alle vier Ecken und vom weißen Streifen ein kleines Stück (Auge) abschneiden. Die längere Seite des Trinkhalms etwa zur Hälfte einkürzen und als Schiebestange verwenden.

3 Die beiden Halbkreise der Abbildung entsprechend mit Klebstoff zusammenfügen. Am Kopf ein Dreieck als Mund ausschneiden. Das Auge aufkleben und einen blauen Locherpunkt als Pupille anbringen. Das fertige Gesicht an der Rückseite des Kinderwagens mit Klebstoff befestigen. Mit Heißkleber die Schiebestange sowie die beiden Räder fixieren.

Herbstdrachen

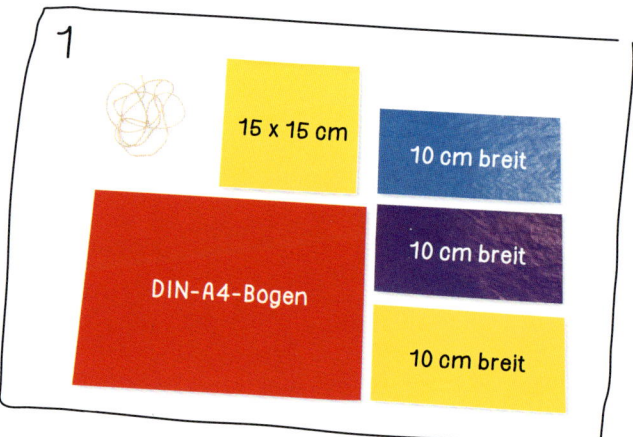

Du brauchst: gelbes und rotes Tonpapier, Transparentpapier in verschiedenen Farben, Paketschnur; Schere, Klebstoff, Lochzange

So geht's

1 Die Papiere wie abgebildet zuschneiden und ein Stück Paketschnur bereitlegen.

2 Das rote Rechteck längs spitz zuschneiden. Das Quadrat diagonal durchschneiden. Von den Transparentpapierstreifen je zwei gleich große Stücke abschneiden.

3 Die Transparentpapierstücke jeweils in der Mitte zusammenknüllen und an der Paketschnur festknoten.

4 Mit der Lochzange an der unteren Spitze des Drachens ein Loch stanzen. Die Paketschnur durchziehen und festknoten. Die Einzelteile des Drachens der Abbildung entsprechend am Fenster dekorieren.

Hubschrauber

Du brauchst: gelben, hellblauen, grauen und schwarzen Tonkarton, einen hellblauen Trinkhalm, einen hellblauen Flaschendeckel; Klebstoff, Heißkleber, Schere

So geht's

1 Die Papiere wie abgebildet zuschneiden. Einen hellblauen Flaschendeckel und einen Trinkhalm bereitlegen.

2 Die grauen Rechtecke der Abbildung entsprechend spitz zuschneiden (Propeller). Vom großen gelben Rechteck alle Ecken abschneiden, das kleinere gelbe Rechteck spitz zuschneiden. Für das Fenster vom blauen Streifen ein Stück abschneiden. Vom schwarzen Quadrat alle Ecken abschneiden, den schwarzen Streifen halbieren. Den Trinkhalm unterhalb der Knickstelle durchschneiden, das längere Stück als Kufe, das kürzere Stück als Propeller verwenden.

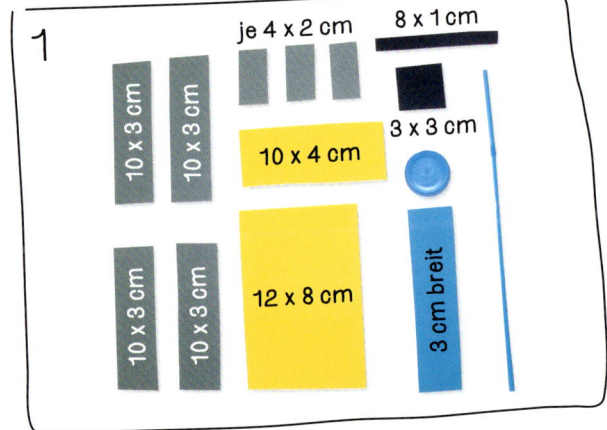

3 Die Einzelteile der beiden Propeller und des Hubschraubers mit Klebstoff zusammensetzen. Mit etwas Heißkleber den Flaschendeckel auf dem kleinen Propeller fixieren. Das kurze Trinkhalmstück an der Rückseite des großen Propellers befestigen und am Hubschrauber anbringen. Das lange Trinkhalmstück mit Heißkleber als Kufe befestigen.

Schiff und Fische

Du brauchst: Tonpapier in verschiedenen Farben, einen blauen Papierbogen; Schere, Klebstoff, Locher

So geht's

1 Die Papiere für das Schiff wie abgebildet zuschneiden.

2 Für die Fische aus verschiedenfarbigen Tonpapieren mehrere Quadrate, etwa 4 x 4 cm, zuschneiden. Einen Teil der Quadrate diagonal durchschneiden (Flossen).

3 Vom roten Dreieck die Spitze abschneiden (etwa ein Drittel der Höhe) und als Segel verwenden; der Rest des Dreiecks dient als Schiffsrumpf. Die Einzelteile des Schiffs auf einen Papierbogen kleben. Die Fische zusammensetzen und schwarze Locherpunkte als Augen ergänzen. Die Fische um das Boot herum auf dem Papierbogen fixieren.

Traktor mit Anhänger

Du brauchst: grünen, blauen und schwarzen Tonkarton, zwei weiße Filtertüten (Größe 2), drei kleine und einen großen weißen Flaschendeckel; blaue und grüne Fingerfarbe, einen Pinsel, Klebstoff, Heißkleber, Schere

So geht's

1 Eine Filtertüte mit blauer, eine mit grüner Fingerfarbe bemalen und trocknen lassen. Die Papiere wie abgebildet zuschneiden. Die Flaschendeckel bereitlegen.

2 Für die Räder von den schwarzen Quadraten alle Ecken abschneiden. Von den beiden schwarzen Streifen zwei längere Stücke abschneiden und als Anhängerkupplung und Auspuff verwenden. An der schmalen Seite des grünen Rechtecks (Fahrerkabine) eine Ecke, vom blauen Streifen ein Stück (Fenster) abschneiden. Bei den Filtertüten etwa ein Drittel der jeweils schmalen Seite nach hinten knicken.

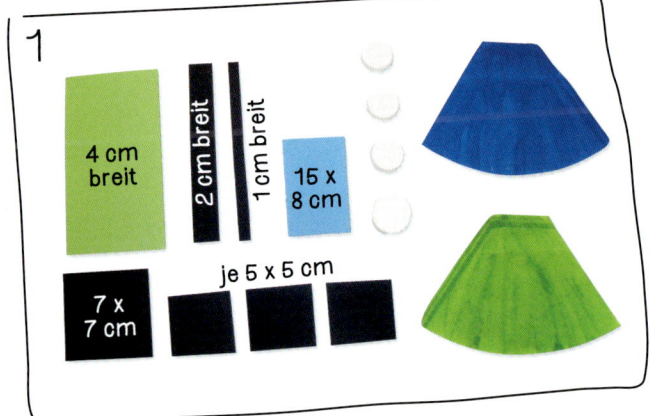

3 Die Einzelteile des Traktors und des Anhängers der Abbildung entsprechend mit Klebstoff zusammensetzen. Die Flaschendeckel mit Heißkleber als Radfelgen anbringen. Den schmalen schwarzen Streifen (Anhängerkupplung) zwischen Traktor und Anhänger befestigen.

Müllwagen

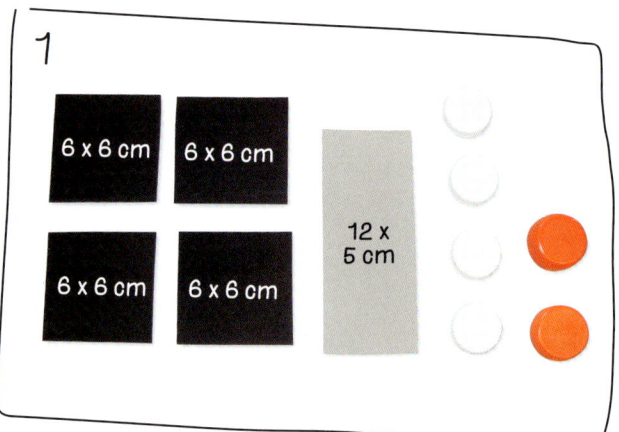

So geht's

1 Die Papp- und die Teeschachtel nach der Anleitung auf Seite 6 vorbereiten, mit orangefarbener Fingerfarbe bemalen und trocknen lassen. Die Papiere wie abgebildet zuschneiden, die Flaschendeckel bereitlegen.

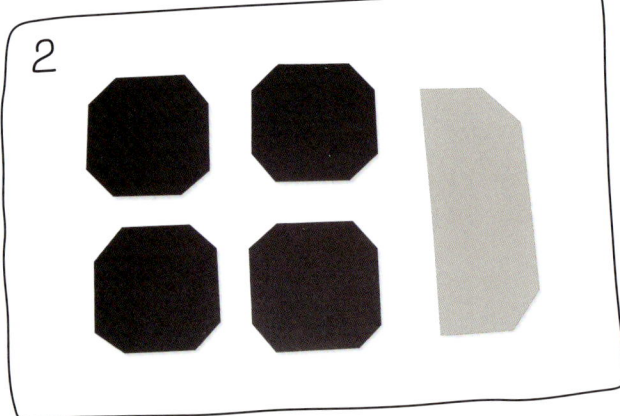

2 Von den schwarzen Quadraten (Räder) alle Ecken abschneiden. An einer langen Seite des Spiegelkartonrechtecks (Fenster) zwei Ecken abschneiden.

3 Die weißen Flaschendeckel als Radfelgen mit Heißkleber auf den Rädern anbringen.

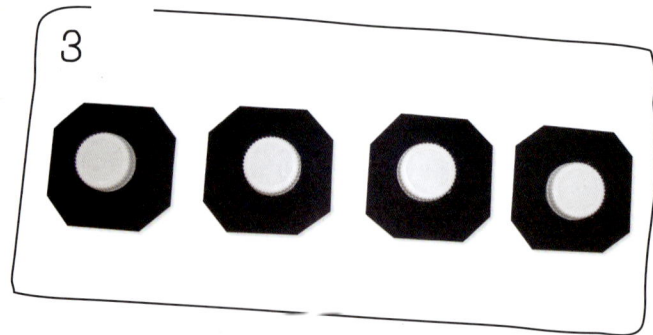

4 Die Einzelteile wie abgebildet mit Heißkleber auf den bemalten Karton kleben. Die orangefarbenen Flaschendeckel als Blinklichter ergänzen.

Du brauchst: eine größere Pappschachtel (21 x 15 x 11 cm), eine Teeschachtel, schwarzen Tonkarton, Spiegelkarton (oder grauen Tonkarton), vier weiße und zwei orangefarbene Flaschendeckel; orangefarbene Fingerfarbe, Pinsel, Klebstoff, Heißkleber, Schere

Gelber Bagger

Du brauchst: gelben, blauen, grauen und schwarzen Tonkarton, eine Filtertüte (Größe 2), 12 Kronkorken; schwarze Fingerfarbe, Pinsel, Klebstoff, Heißkleber, Schere

So geht's

1 Die Filtertüte mit schwarzer Fingerfarbe bemalen und trocknen lassen. Die Papiere wie abgebildet zuschneiden. Die Kronkorken mittig zusammendrücken und bereitlegen.

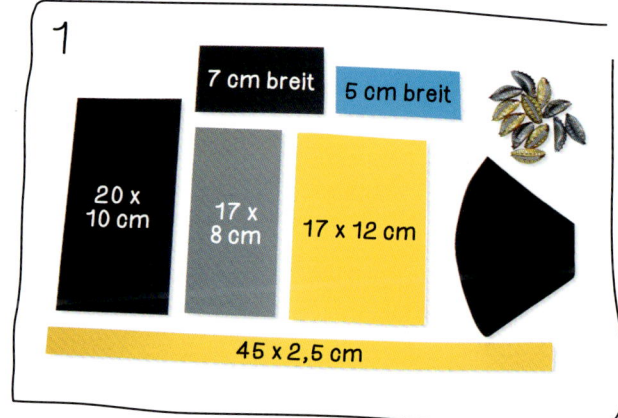

2 Vom schwarzen und vom blauen Streifen jeweils ein Stück abschneiden und als Fahrerkabine und Fenster verwenden. Vom schwarzen und vom grauen Rechteck (Kettenlaufwerk) alle Ecken abschneiden. Das gelbe Rechteck (Motorraum) der Abbildung entsprechend zuschneiden. Den gelben Streifen (Baggerarm) in drei Teile schneiden.

3 Die Einzelteile des Baggers der Abbildung entsprechend mit Klebstoff zusammensetzen.

4 Die Kronkorken mit Heißkleber entlang des zugeschnittenen grauen Rechtecks als Kette aufkleben. Die Filtertüte als Baggerschaufel am Baggerarm anbringen.

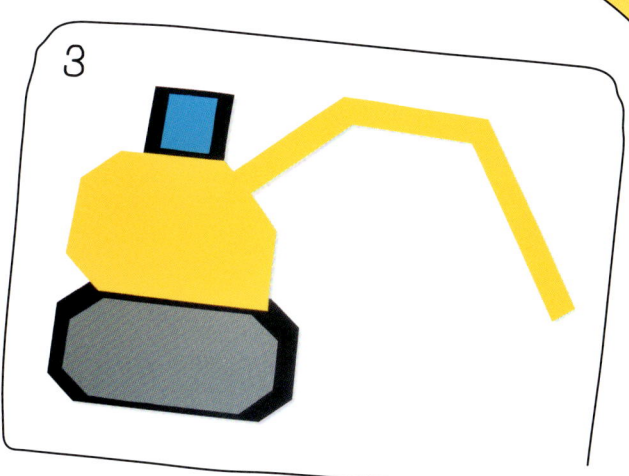

Eisenbahnzug

Du brauchst: zwei weiße Kaffeefiltertüten (Größe 2), roten, orangefarbenen und gelben Tonkarton, Spiegelkarton (oder grauen Tonkarton), einen grünen Trinkhalm, sechs Kronkorken; blaue Fingerfarbe, Pinsel, Klebstoff, Heißkleber, Schere

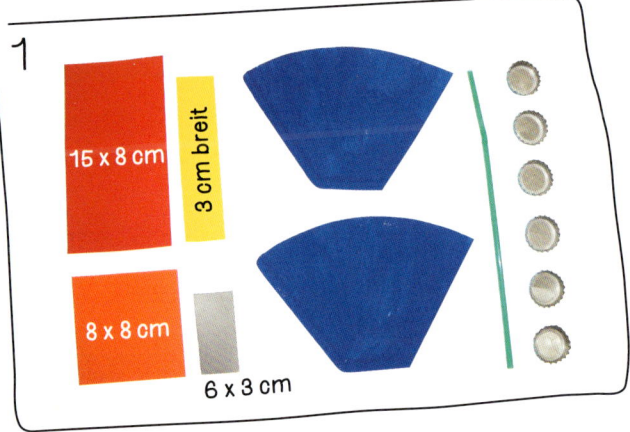

So geht's

1 Die Filtertüten mit blauer Fingerfarbe bemalen und trocknen lassen. Die Papiere wie abgebildet zuschneiden. Den Trinkhalm und die Kronkorken bereitlegen.

2 An einer schmalen Seite des roten Rechtecks eine Ecke abschneiden. Für den Schornstein vom gelben Streifen ein längeres Stück zuschneiden. Vom orangefarbenen Quadrat und vom Spiegelkartonrechteck der Abbildung entsprechend jeweils zwei Ecken abschneiden. Die geschlossenen schmalen Seiten der Filtertüten etwa ein Drittel nach hinten umknicken. Den Trinkhalm halbieren.

3 Die Einzelteile der Lokomotive mit Klebstoff zusammensetzen. Mit Heißkleber die Kronkorken als Räder auf die Lokomotive und die beiden Waggons kleben. Lokomotive und Waggons der Abbildung entsprechend mit Trinkhalmen verbinden.

Feuerwehr

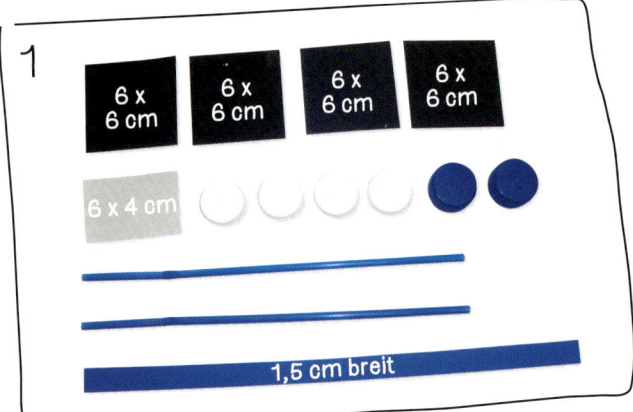

So geht's

1 Die Pappschachtel nach der Anleitung auf Seite 6 vorbereiten, mit roter Fingerfarbe bemalen und trocknen lassen. Die Papiere wie abgebildet zuschneiden. Die Flaschendeckel und die Trinkhalme bereitlegen.

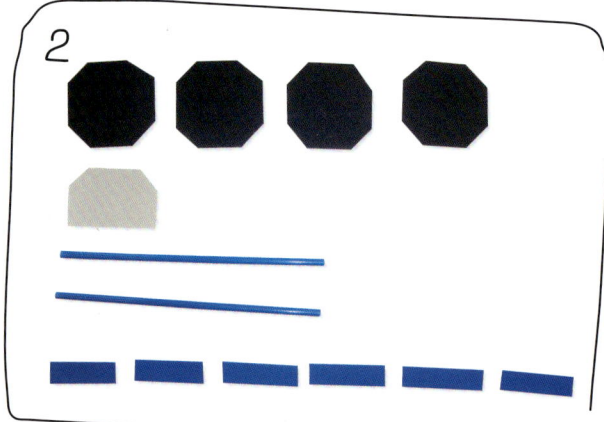

2 Von den schwarzen Quadraten (Räder) alle Ecken abschneiden. An einer langen Seite des Spiegelkartonrechtecks (Fenster) zwei Ecken abschneiden. Den blauen Streifen in sechs Teile schneiden (Leitersprossen). Die Trinkhalme (Leiter) unterhalb der Knickstelle abschneiden.

3 Die weißen Flaschendeckel als Radfelgen mit Heißkleber auf den Rädern anbringen.

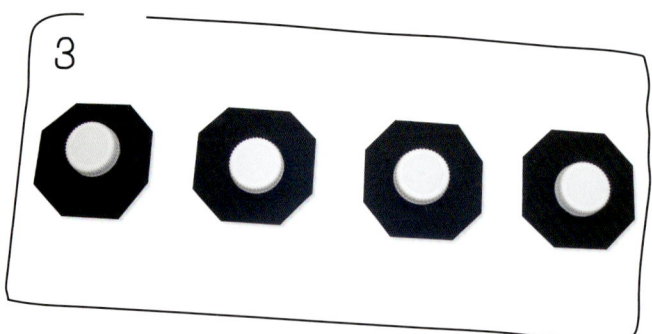

4

4 Die Räder und das Fenster mit Klebstoff auf der bemalten Pappschachtel anbringen. Die Leitersprossen wie abgebildet aufkleben und die beiden Trinkhalme ergänzen. Die blauen Flaschendeckel als Blinklichter mit Heißkleber befestigen.

Du brauchst: eine Pappschachtel (24 x 11 x 9 cm), blauen und schwarzen Tonkarton, Spiegelkarton, vier weiße Flaschendeckel, zwei blaue Flaschendeckel, zwei blaue Trinkhalme; rote Fingerfarbe, Pinsel, Klebstoff, Heißkleber, Schere

Mondrakete

Du brauchst: eine Papprolle (Küchenrolle), blaues Tonpapier, sechs gelbe Trinkhalme, etwas Nylonschnur; dunkelrote Fingerfarbe, Pinsel, Klebstoff, Heißkleber, Klebestreifen, Schere

So geht's

1 Die Papprolle halbieren; eine Hälfte mit dunkelroter Fingerfarbe bemalen und trocknen lassen. Die Papiere wie abgebildet zuschneiden. Die Trinkhalme bereitlegen.

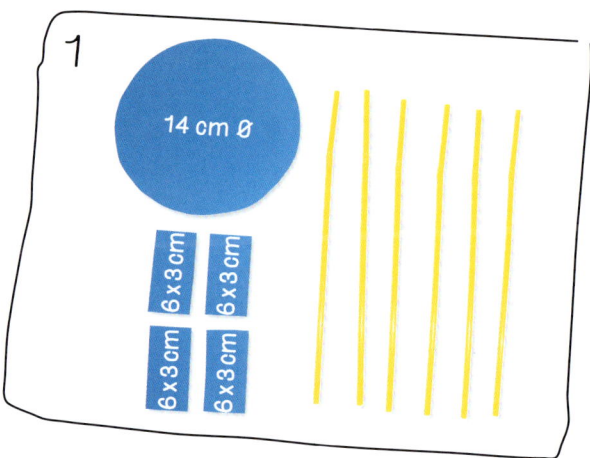

2 Den Kreis halbieren, eine Hälfte als Raketenspitze verwenden. Die Rechtecke jeweils an den schmalen Seiten der Abbildung entsprechend schräg (parallel) zuschneiden. Die längeren Abschnitte der Trinkhalme etwa zur Hälfte einkürzen.

3 Den Halbkreis zu einem spitzen Kegel zusammenkleben und mit Heißkleber an einem Ende der bemalten Küchenrolle befestigen; vor dem Aufkleben die Nylonschnur (als Aufhängung) durch die Raketenspitze und die Papprolle fädeln. Jeweils eine lange Seite der zugeschnittenen Rechtecke (Steuerruder) etwa 1 cm umknicken und an der Rakete fixieren. Die Trinkhalmstücke mit Klebestreifen als Feuerschweif am Ende der Papprolle innen anbringen.

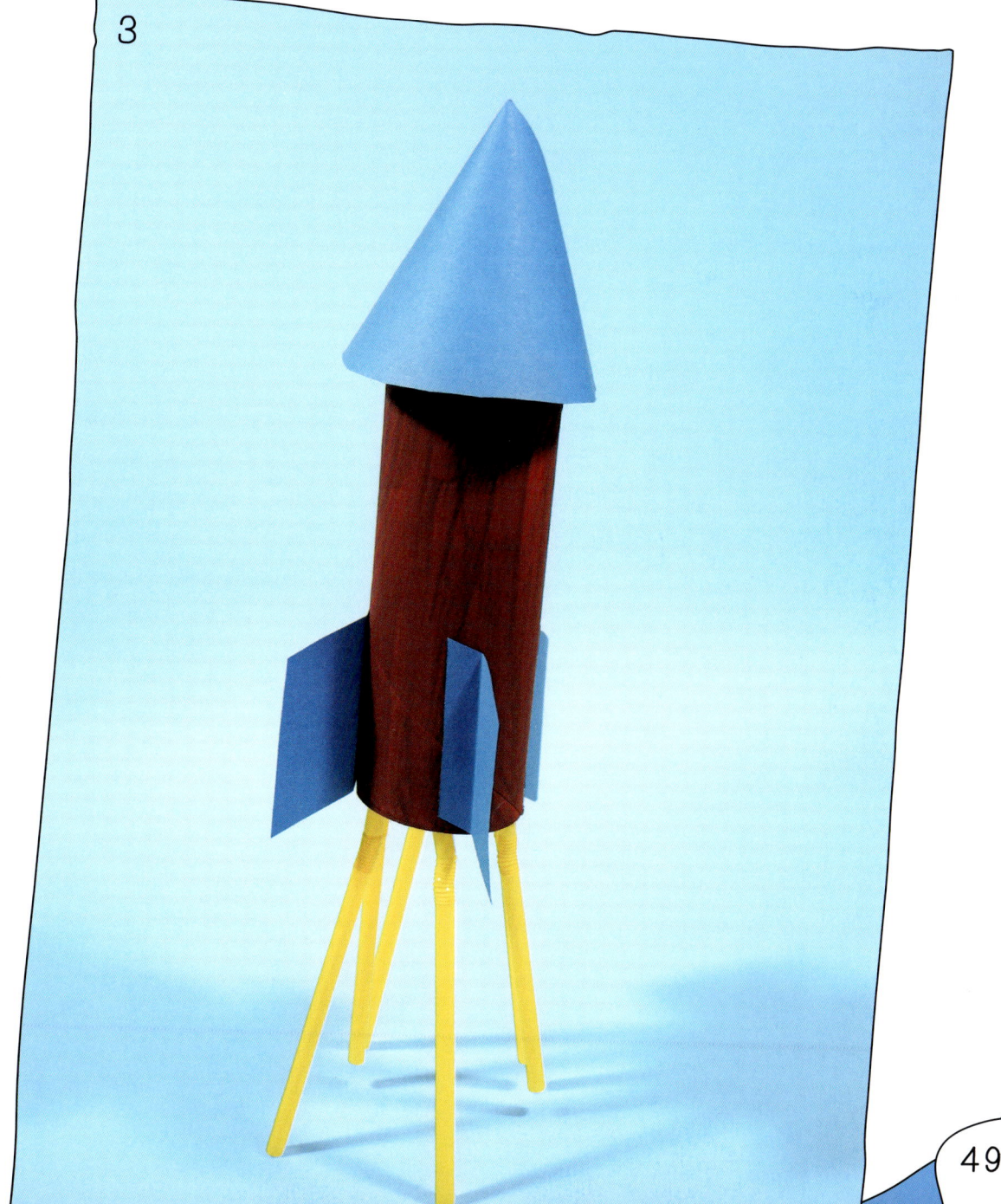

3

Polizist

Du brauchst: weißen, hautfarbenen, hell- und dunkelblauen sowie schwarzen Tonkarton, rotes und schwarzes Tonpapier, einen weißen Trinkhalm, drei blaue Flaschendeckel, einen großen roten Flaschendeckel; Klebstoff, Heißkleber, Schere, Locher

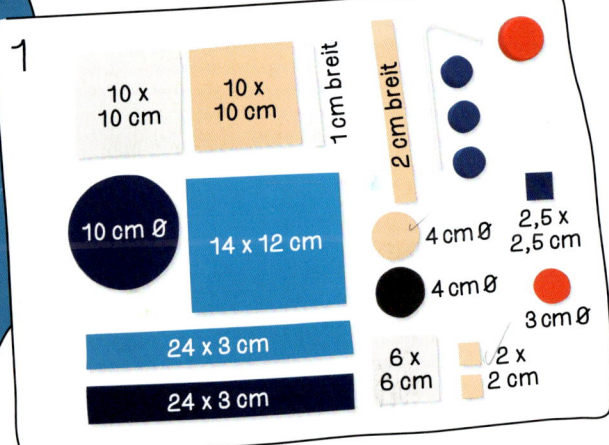

So geht's

1 Die Papiere wie abgebildet zuschneiden. Den Trinkhalm und die Flaschendeckel bereitlegen.

2 Von den weißen Quadraten (Mütze und Kelle) sowie vom großen hautfarbenen Quadrat (Kopf) alle Ecken, von den kleinen Quadraten (Ohren) jeweils nur zwei Ecken abschneiden. Vom hautfarbenen Streifen ein längeres Stück (Hals), vom weißen Streifen zwei kleine Stücke abschneiden (Augen). Den blauen und roten Kreis halbieren (je eine Hälfte für Mütze und Mund). Die beiden blauen Streifen (Arme und Beine) sowie den hautfarbenen und den schwarzen Kreis halbieren (Hände und Schuhe). Vom hellblauen Rechteck an der schmalen Seite zwei Ecken abschneiden (Jacke), das dunkelblaue Quadrat diagonal durchschneiden. Das längere Stück des Trinkhalms (unterhalb der Knickstelle) abschneiden.

3 Die Kopfeinzelteile mit Klebstoff zusammensetzen. Zwei schwarze Locherpunkte als Augen, einen roten Locherpunkt als Nase ergänzen. Für die Mütze den weißen Teil mit Klebstoff an der Rückseite des Kopfs befestigen; am dunkelblauen Halbkreis etwa 1 cm umknicken und an der Vorderseite anbringen. Die Einzelteile des Polizisten mit Klebstoff zusammenfügen. Die drei blauen Flaschendeckel mit Heißkleber als Knöpfe an der Jacke fixieren. Den roten Flaschendeckel mit Heißkleber an der Vorderseite der Kelle, das Trinkhalmstück an der Rückseite anbringen. Die Kelle an der Hand befestigen.

Prinzessin

So geht's

Du brauchst: haut-, pink- und silberfarbenen Tonkarton, hellblaues und schwarzes Tonpapier, ein Papiertaschentuch, zwei pinkfarbene Trinkhalme, goldenes Kräuselband (matt); einen pinkfarbenen Filzstift, Klebstoff, Heißkleber, Schere, Locher

1 Die einzelnen Lagen des Papiertaschentuchs nach der Anleitung auf Seite 6 mit einem pinkfarbenen Filzstift einfärben und trocknen lassen. Die Papiere wie abgebildet zuschneiden und die beiden Trinkhalme bereitlegen. Für die Haare ein paar Bandstücke über eine Scherenkante ziehen (kräuseln).

2 Vom großen pinkfarbenen Rechteck (Oberteil) an einer schmalen Seite zwei Ecken abschneiden, die beiden kleineren Rechtecke (Arme) spitz zuschneiden. Den pinkfarbenen Kreis halbieren (Mund). Vom hellblauen Streifen zwei kleinere Stücke für die Augen, vom hautfarbenen Streifen ein längeres Stück für den Hals abschneiden. Vom hautfarbenen Quadrat (Kopf) alle Ecken abschneiden, von den beiden kleinen Rechtecken (Hände) jeweils zwei Ecken einer schmalen Seite. Den silberfarbenen Kreis (Rock) halbieren, am silberfarbenen Rechteck Zacken für die Krone einschneiden.

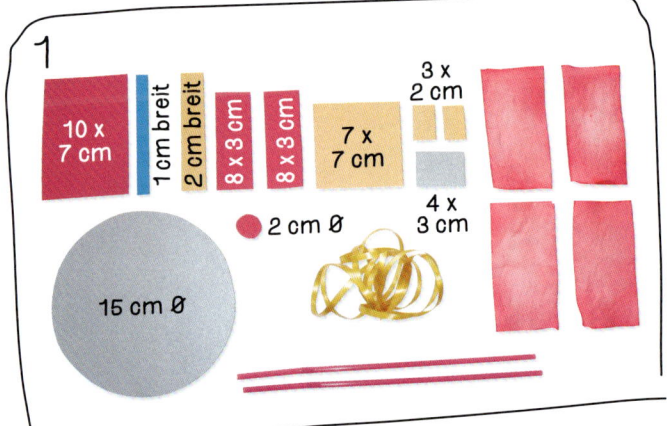

3 Die Einzelteile der Abbildung entsprechend mit Klebstoff zusammensetzen. Zwei schwarze Locherpunkte als Augen, einen pinkfarbenen als Nase ergänzen. Die gekräuselten Bandstücke mit etwas Heißkleber an der Rückseite des Kopfs befestigen, die Krone ergänzen. Für den Rock die einzelnen Lagen des Papiertaschentuchs auseinanderfalten, jeweils die Mitte vorsichtig zu einer Spitze verdrehen und diese auf dem unteren Bereich des pinkfarbenen Körperzuschnitts befestigen. Die beiden Halbkreise darüberkleben. Die Trinkhalme an der Rückseite der Prinzessin anbringen.

Fröhlicher Clown

Du brauchst: eine weiße Kaffeefiltertüte (Größe 2), weißes, hautfarbenes, gelbes, hellblaues, grünes, rotes und lilafarbenes Tonpapier, einen hellblauen und einen orangefarbenen Flaschendeckel, rotes Kräuselband; grüne Fingerfarbe, Pinsel, Klebstoff, Heißkleber, Schere, Locher

So geht's

1 Die Filtertüte mit grüner Fingerfarbe bemalen und trocknen lassen. Die Papiere wie abgebildet zuschneiden. Das Kräuselband und die Flaschendeckel bereitlegen.

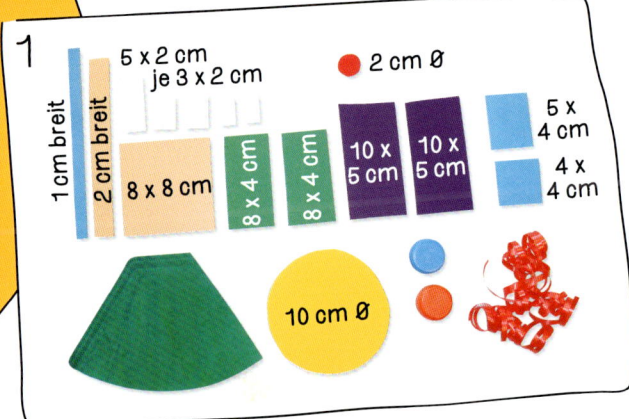

2 Vom hautfarbenen Quadrat (Kopf) und vom großen weißen Rechteck (Mund) alle Ecken, von den kleineren weißen Rechtecken an einer schmalen Seite jeweils zwei Ecken abschneiden (Augen und Hände). Den roten Kreis halbieren (Mund). Vom hellblauen und vom hautfarbenen Streifen je ein längeres Stück abschneiden (Hutkrempe und Hals). Vom hellblauen Rechteck (Hut) an der langen Seite zwei Ecken abschneiden, das hellblaue Quadrat diagonal durchschneiden (Schleife). Die grünen und die lilafarbenen Rechtecke (Arme und Beine) der Abbildung entsprechend zuschneiden. Den gelben Kreis halbieren (Schuhe).

3 Die Kopfeinzelteile mit Klebstoff zusammensetzen, zwei schwarze Locherpunkte als Pupillen ergänzen. Mit etwas Heißkleber den orangefarbenen Flaschendeckel als Nase befestigen. Für die Haare ein paar Bandstücke über eine Scherenkante ziehen (kräuseln) und an der Kopfrückseite anbringen. Danach den Hut aufkleben. Die Einzelteile des Clowns der Abbildung entsprechend mit Klebstoff zusammensetzen und an der Filtertüte fixieren. Den blauen Flaschendeckel mit Heißkleber auf der Schleife befestigen.

Zauberin

Du brauchst: eine Filtertüte (Größe 2), weißes, hautfarbenes, gelbes, pinkfarbenes, grünes und schwarzes Tonpapier, ein Wattestäbchen, grünes Kräuselband; schwarze Fingerfarbe, Pinsel, Klebstoff, Klebestreifen, Heißkleber, Schere, Locher

So geht's

1 Die Filtertüte mit schwarzer Fingerfarbe bemalen und trocknen lassen. Die Papiere wie abgebildet zuschneiden. Etwas Kräuselband, die beiden Trinkhalme und das Wattestäbchen bereitlegen.

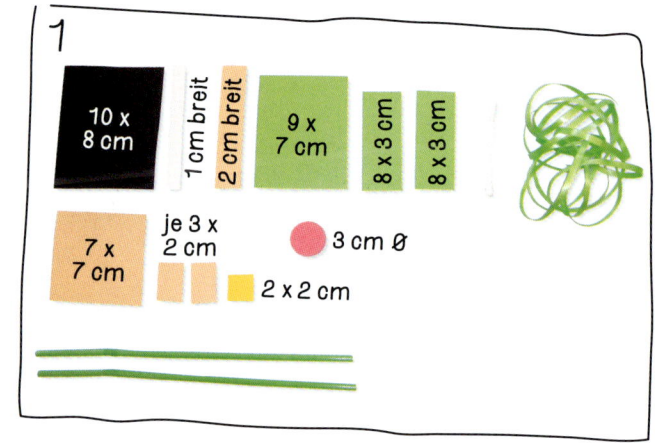

2 Für den Kopf vom hautfarbenen Quadrat alle Ecken, vom hautfarbenen Streifen ein Stück für den Hals und vom weißen Streifen zwei kleine Stücke für die Augen abschneiden. Den Kreis halbieren, eine Hälfte für den Mund verwenden. Das schwarze Rechteck diagonal durchschneiden (Hut). Die grünen Rechtecke der Abbildung entsprechend zuschneiden (Oberteil). Bei den hautfarbenen Rechtecken (Hände) an einer Schmalseite zwei Ecken und vom gelben Quadrat alle Ecken abschneiden. Ein Ende des Wattestäbchens abschneiden.

3 Die Einzelteile des Kopfs mit Klebstoff zusammensetzen. Zwei schwarze Locherpunkte als Pupillen, einen rosafarbenen Locherpunkt als Nase ergänzen. Für die Haare ein paar Bandstücke kräuseln und mit Klebestreifen an der Kopfrückseite befestigen, danach den Hut aufkleben. Die Körpereinzelteile mit Klebstoff zusammensetzen und an der Filtertüte (Rock) anbringen. Die beiden Trinkhalme mit Klebestreifen an der Rückseite als Beine befestigen. Den gelben Kreis mit etwas Heißkleber am Wattestäbchen fixieren und als Zauberstab an die Rückseite einer Hand kleben.

Engelchen

Du brauchst: eine weiße Kaffeefiltertüte (Größe 2), weißes, haut-, rosa- und goldfarbenes sowie schwarzes Tonpapier, etwas Paketschnur, goldenes Kräuselband (glänzend); Klebstoff, Heißkleber, Schere

So geht's

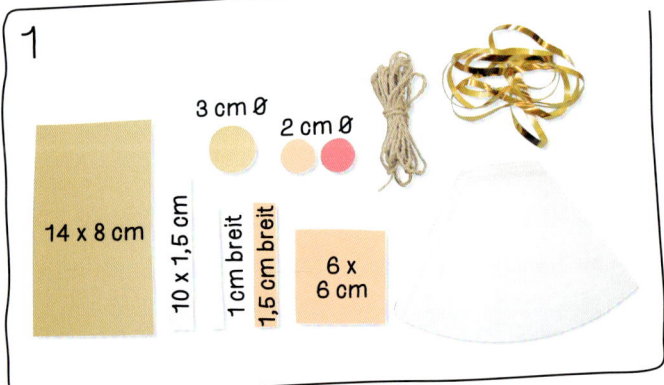

1 Die Papiere wie abgebildet zuschneiden. Eine weiße Kaffeefiltertüte, etwas Paketschnur und goldenes Kräuselband bereitlegen.

2 Für die Flügel das goldene Rechteck diagonal durchschneiden. Die Kreise halbieren, vom rosafarbenen Kreis eine Hälfte als Mund verwenden. Für die Arme den breiteren weißen Streifen halbieren. Vom schmalen weißen Streifen zwei Stücke als Augen, vom hautfarbenen Quadrat (Kopf) alle Ecken und vom hautfarbenen Streifen ein Stück (Hals) abschneiden.

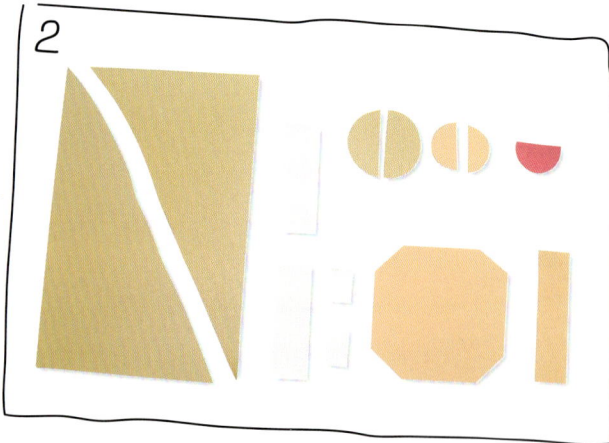

3 Die Kopfeinzelteile mit Klebstoff zusammensetzen. Zwei schwarze Locherpunkte als Pupillen, einen rosafarbenen als Nase ergänzen. Für die Haare die Bandstücke über eine Scherenkante ziehen (kräuseln) und mit etwas Heißkleber am Kopf anbringen. Von der Paketschnur zwei Stücke abschneiden (Beine) und mit etwas Heißkleber an den beiden goldenen Halbkreisen (Füße) befestigen. Die hautfarbenen Halbkreise als Hände auf die beiden weißen Streifen (Arme) kleben. Die Einzelteile des Engels der Abbildung entsprechend mit Klebstoff zusammensetzen.

Schneemann

Du brauchst: weißes Tonpapier, orangefarbenes und schwarzes Glanzpapier, einen hellblauen Papierbogen, Watte; Schere, Klebstoff, Locher

So geht's

1 Die einzelnen Papiere wie abgebildet zuschneiden.

2 Vom breiten schwarzen Streifen ein längeres Stück (Hut), vom schmalen schwarzen Streifen fünf kleine Stücke abschneiden (Augen und Knöpfe). Den restlichen Streifen für den Hut verwenden. Von den beiden weißen Quadraten (Kopf und Körper) alle Ecken abschneiden. Das orangefarbene Rechteck diagonal durchschneiden und eine Hälfte als Nase verwenden.

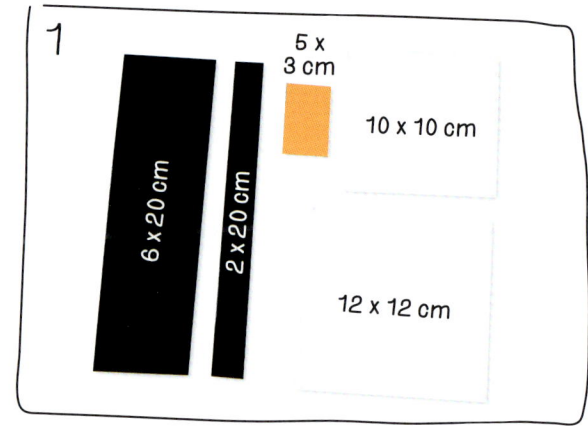

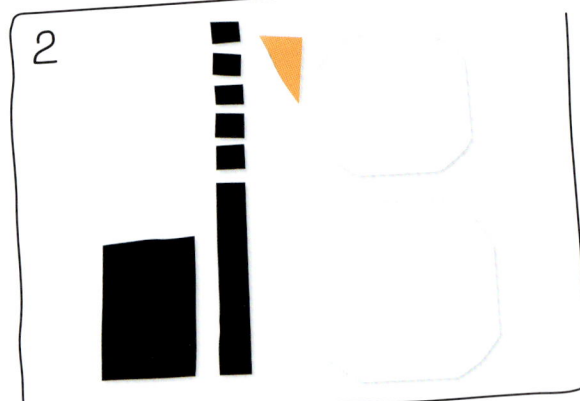

3 Die Einzelteile des Schneemanns der Abbildung entsprechend zusammensetzen. Zwei weiße Locherpunkte als Pupillen anbringen. Den Schneemann auf einen hellblauen Papierbogen kleben. Weiße, gerissene Tonpapierstreifen als Schneefläche und kleine Wattebällchen als Schneeflocken ergänzen.

Impressum

Fotos:
Eva Danner, Beate Vogel
Reinhard Biermann, Seite 9, 11, 15, 17, 21, 29, 37, 41, 47, 49, 61
Gesamtgestaltung & Satz: GrafikwerkFreiburg
Reproduktion: RTK & SRS mediagroup GmbH
Druck & Verarbeitung: Polygraf Print, Slowakei

ISBN 978-3-8388-3550-1
Art-Nr. 3550

© 2015 Christophorus Verlag GmbH & Co. KG, Freiburg

Die Autorinnen bedanken sich bei der Firma Rayher Hobby GmbH für die Bereitstellung der Papiere.

Alle gezeigten Modelle, Illustrationen und Fotos sind urheberrechtlich geschützt. Jede gewerbliche Nutzung ist untersagt. Dies gilt auch für eine Vervielfältigung bzw. Verbreitung über elektronische Medien.

Autorinnen und Verlag haben alle Angaben und Anleitungen mit größtmöglicher Sorgfalt zusammengestellt. Dennoch kann bei Fehlern keinerlei Haftung für direkte oder indirekte Folgen übernommen werden. Der Verlag übernimmt keine Gewähr und keine Haftung für die Verfügbarkeit der gezeigten Materialien.

Kreativ-Service

Sie haben Fragen zu den Büchern und Materialien? Frau Erika Noll ist für Sie da und berät Sie rund um alle Kreativthemen. Rufen Sie an! Wir interessieren uns auch für Ihre eigenen Ideen und Anregungen. Sie erreichen Frau Noll per E-Mail: **mail@kreativ-service.info** oder Tel.: **+49 (0) 5052 / 91 18 58** Montag bis Donnerstag: 9–17 Uhr / Freitag: 9–13 Uhr

Besuchen Sie uns im Internet: **www.christophorus-verlag.de**